Inhalt

Hacker bedrohen jetzt auch Handys

Kernthesen

Beitrag

Fallbeispiele

Weiterführende Literatur

Impressum

ID vom 08.06.2004

Hacker bedrohen jetzt auch Handys

M.Westphal

Kernthesen

- Viren, Würmer, Trojanische Pferde auch Mobiltelefone geraten in das Visier der Hacker.
- "Bluejacking", "Toothing" als neue "Trends" der Mobilkommunikation.
- Kommunikationsschnittstellen wie Bluetooth lassen auch sinnvolle Eingriffe auf fremde Mobiltelefone zu.
- Weltweite mobile Zugangsdienste auf Firmennetzwerke stellen hohe Herausforderungen an Security-Programme.

Beitrag

Viren, Würmer, Trojanische Pferde auch Mobiltelefone geraten in das Visier der Hacker.

Viren, Würmer, Trojanische Pferde Jeder kennt diese Bedrohungen für einen PC oder Server. Mittlerweile geraten aber auch Mobiltelefone in das Visier von Hackern.

Während Viren und Würmer aus dem Internet, an deren nahezu tägliche neue Ausprägungen sich inzwischen jeder schon (leider) gewöhnt hat, i. d. R. schlicht nur nerven, treffen Smartphone-Viren ein empfindlicheres Ziel, nämlich die persönliche Telefonrechnung.

Bedrohungen durch Viren und Verwandte auf Handys sind inzwischen nicht mehr nur reine Gedankenspiele. So lässt sich ein Handy-Trojaner für die Nokia 60-Serie relativ schnell und ohne spezielle Hilfsmittel erstellen. Dieses gilt nicht nur für das bisher auf Smartphones am weitesten verbreitete SymbianOS-Betriebssystem, sondern auch für alle anderen verfügbaren offenen Plattformen wie

PalmOS, Windows Mobile Smartphone oder Linux Smartphone. (1) Die System- wie Skriptsprachen aktueller Smartphones sind frei programmierbar und offen für die Installation neuer Programme. Die über die Betriebssysteme angebotene umfassende Infrastruktur an Diensten und APIs (Application Programming Interface) erstellt Programme für SMS-Mitteilungen, öffnen IP-Sockets, bauen VPN-Verbindungen (VPN; siehe auch: Knowledge Summary 07/03: Virtual Private Networks) auf oder funken via Bluetooth. Da alle diese Betriebssysteme Multitasking-fähig sind, können Anwendungen auch als ständige Hintergrundprozesse betrieben werden.
(1)
Die APIs bieten häufig sogar definierte Einsprungspunkte. "Feindliche" Anwendungen erfahren so von Aktionen des Telefons und können auf sie Einfluss nehmen. Die Applikationen können ausgehende Wählverbindungen aufbauen, ankommende Kurzmitteilungen analysieren und versandte Meldungen modifizieren. Darüber hinaus ist es installierten Anwendungen möglich, sich in den Bootprozess des Telefons einzuklinken und so den Neustart des Gerätes zu überdauern.
Da Mobiltelefone über eine große Anzahl unterschiedlicher standardisierter Kommunikationskanäle verfügen wie TCP/IP per GSM, GPRS und UMTS, IrLAN, IrOBEX, Bluetooth

und neuerdings auch WLAN, bieten sie eine deutlich größere Angriffsfläche als die meisten Desktop-PCs. (1)

Auch für Smartphones gibt es im Wesentlichen drei Schädlingsarten.- **Viren** verbreiten sich ohne Wissen und Zutun des Nutzers und können Offline-Kanäle wie Datenträger oder E-Mail-Anhänge nutzen.- **Würmer**, die direkt mit ihnen verwandt sind, dringen über Online-Kanäle ein wie TCP/IP, Bleuetooth etc..- **Trojanische Pferde**, die als Hilfsprogramme getarnt auf das Gerät kommen, richten nach ihrem Start Schaden an. (1)

Zwar gibt es bis jetzt noch nicht die aus der PC-Welt bekannten Virenbaukästen, aber aufgrund der offenen Plattform der Betriebssysteme für Mobiltelefone und der freien Verfügbarkeit der SDKs (Software Development Kit) und reichhaltiger Dokumentationen, ist die Verfügbarkeit jeder nur erdenkbaren Variante zu erwarten. (1)
Gängige Wege zur Infizierung eines Smartphones sind neben der Infrarot-Schnittstelle und GPRS auch Bluetooth und SMS. Ebenso sind aber auch Speichermedien wie MM- oder SD-Karten denkbar. Sobald die Telefone über E-Mail-Funktionalität verfügen, ist auch über diesen Kanal eine Infektion denkbar. (1)
So können Trojanische Pferde mit relativ geringem

Aufwand realisiert werden, die den Boot-Prozess eines Symbian-Phones derart empfindlich stören, dass nicht einmal mehr der Reset-Code eingegeben werden kann. Ebenso können Trojaner ganze Daten und Applikaitonen löschen oder aber Einträge aus dem Telefonbuch oder Kalender oder Nachrichtenordner modifizieren. So können Trojaner auch das eingestellte SMS-Center auf eine 0900-Nummer legen, oder wie ein PC-Dialer die Nummer des WAP-Gateways auf eine 0900-Nummer abändern. Ebenso ist ein komplettes Versenden der Telefonbuchdaten denkbar, löscht der Trojaner darüber hinaus die Einträge aus dem Sendeprotokoll ist nicht einmal sein Treiben zu entdecken, bis eine Telefonrechnung mit Einzelverbindungsnachweis dieses offenbart.

Dieses sind nur einige wenige denkbare Szenarien und Zugangs-Wege. (1)

"Bluejacking", "Toothing" als neue "Trends" der Mobilkommunikation

Die Bluetooth-Technologie wurde entwickelt, um verschiedene elektronische Geräte wie Handys, MP3-Player, Computer, Kopfhörer, Drucker etc. kabellos und kostenlos miteinander kommunizieren können. Die Reichweite von Bluetooth-Geräten beträgt maximal zehn Meter.

Diese Technik könnte sich zur neuen Spielwiese von Hackern entwickeln. Umgehen kann man diese Problematik nur, wenn neue von den Herstellern zu liefernde Firmware auf das Handy gespielt wird oder die Bluetooth-Funktion bei Nichtgebrauch deaktiviert wird. Zwar ist entsprechende Hacker-Software bisher noch nicht sehr weit verbreitet, was sich in den nächsten Wochen und Monaten aber ändern könnte.Ein neuer Trend unter Jugendlichen ist das **"Bluejacking"** (ein Kunstwort aus Bluetooth und Hijacking, Englisch für Entführung). Hierbei werden Meldungen per Bluetooth auf andere Mobiltelefone geschickt. Aufgrund der geringen Reichweite der Funksignale muss man als Bluejacker seinem Opfer sehr nahe kommen.Bluejacking ermöglicht recht harmlose lustige Scherze, in dem z. B. einem Gast, der in einem Restaurant seine Pizza zum Munde führt, eine Nachricht auf sein Handy geschickt wird: "Lassen Sie sich die Pizza schmecken!" Aber es sind auch weniger harmlose Angriffe denkbar. So können Angreifer arglose Handybesitzer überreden, mit ihnen eine autorisierte Verbindung zu etablieren. Mit einer solchen Verbindung hat der Hacker dann Zugriff zu allen Funktionen des Handys und kann auf Kosten seines Opfers sogar im Internet surfen.

Neben derartigen Angriffen, die auf der Übertölpelung der Opfer beruhen, gibt es aber auch im Internet kostenlose Computerprogramme, die eine Attacke ermöglichen, von der die Besitzer nichts mitbekommen. Geräte von Sony Ericsson und Nokia haben hier bis jetzt eine Schwachstelle, die es ermöglicht, z. B. Einträge im Adressbuch und im Kalender anderer Handys zu lesen und sogar zu überschreiben, ohne sich bei diesen Geräten anmelden zu müssen. (2)
Die harmlose Form der Kontaktaufnahme wird in England auch als **"Toothing"** bezeichnet, wobei in überfüllten Londoner Vorortzügen nach möglichen Partnern für erotische Abenteuer gesucht wird.Die hohe Attraktivität dieser Kommunikationsmethode ist auch dadurch zu erklären, dass die Kommunikation via Bluetooth zwischen verschiedenen Handys kostenlos ist.

Kommunikationsschnittstellen wie Bluetooth lassen auch sinnvolle Eingriffe auf fremde Mobiltelefone zu

Gegen das störende Handygebimmel in Theatern, Kirchen oder Restaurants gibt es Störsender, die die Verbindungen für alle Handys in einem gewissen

Umkreis abbrechen. Allerdings wären diese Handys auch im Falle eines Notfalls nicht nutzbar. In Deutschland sind derartige Blocker, die mittlerweile bei eBay für einige Tausend Euro gehandelt werden, ohnehin durch die Regulierungsbehörde für Telekommunikation verboten, da diese Frequenzen exklusiv den Mobilfunkbetreibern zugewiesen sind.

Die Firma Bluelinx arbeitet an einer Lösung mit dem Namen Q-Zone (Q für quiet), die auf der Bluetooth-Technik basiert. Hiermit können Handys, die sich in einem bestimmten Bereich, wie einer Kirche oder einem Theater befinden, in den lautlosen oder Vibrationsmodus versetzt werden. Einzige Voraussetzung ist, dass die entsprechenden Mobiltelefone den Bluetooth-Modus unterstützen und die Nutzer das Programm Q-Zone aktiviert haben. Die Firma Bluelinx hofft, dass Q-Zones in einigen Jahren verfügbar sein werden.
(3)
Die Firma Cell Block Technologies aus Virginia entwickelt ein Übertragungsgerät, welches den Mobiltelefonen vorgaukelt, dass kein Netz verfügbar ist. (3)

Weltweite mobile Zugangsdienste

auf Firmennetzwerke stellen hohe Herausforderungen an Security-Programme

Inzwischen gibt es auch Angebote zu weltweiten Zugangsdiensten über Mobilfunk und WLAN was zu erhöhter Attraktivität entsprechender Kompressionsverfahren führt, um die verschickten Datenvolumina einzudämmen. Allerdings ist die Datenkompression insbesondere dann nicht trivial, wenn gleichzeitig die Sicherheit eines Virtual Private Network gewährleistet werden soll, da es aufgrund der Latenzzeit im Mobilfunknetz etliche Problemfelder gibt. So funktionieren gängige Sicherheitsverfahren wie Tokens nicht. (4)

Fallbeispiele

Bis Ende 2004 werden Handyhersteller und Elektronikkonzerne eine neue drahtlose Übertragungstechnik auf den Markt bringen. Near Field Communication (NFC) ermöglicht die Verbindung zwischen den Geräten bis zu einer Entfernung von zehn Zentimetern. Technisch ist dieses Verfahren weitaus weniger aufwändig als Bluetooth, da die diversen Einzelschritte wie Funkraumsuche, Gerätewahl, Dienstewahl und Passwortübergabe nicht notwendig sind. Man hält einfach die für die Kommunikation bestimmten Geräte mit ihren Smart Chips einen Moment aneinander und mittels der Identifikationstechnik RFID (Radio Frequency Identification) beginnen die Geräte zu kommunizieren. (7)

Das Handy S55 der Firma Siemens hat eine Version der Virtual Machine von Java installiert, die Trojaner-ähnliche Applikationen ermöglicht. Im Normalfall verlangen Java-Applikationen z. B. beim Versenden von SMS die Zustimmung des Anwenders. Auf dem S55 ist es hierbei Hackern möglich, diese Abfrage mit einer Grafik zu überlagern, die z. B. "Wollen Sie spielen" fragt. Bejaht der Nutzer diese Frage, verschickt das Handy unter Umständen einige hundert SMS. Und, dass dieses Problem nicht nur in der Theorie besteht, bestätigen verschiedene Leseranfragen beim Magazin iX. (8)

Weiterführende Literatur

(1) Viren und Verwandte auf Handys - Angriff aus der Luft
aus iX - Magazin für professionelle

Informationstechnik, 5/2004, S. 82

(2) Bluejacking - wenn das Handy ausspioniert wird
Sicherheitslücken lassen manche Bluetooth-Mobiltelefone auch fremdgesteuert funktionieren
aus Financial Times Deutschland vom 14.04.2004, Seite BE2

(3) O.V., Kampf dem Gebimmel, Spiegel Online, 14.04.2004
aus Financial Times Deutschland vom 14.04.2004, Seite BE2

(4) Tipps zur Integration drahtloser Anwendungen
Schluss mit der mobilen Abzocke
aus Computerwoche, 21.05.2004, Nr. 21, S. 14-15

(5) O.V., Spam-Filter, aus Müll Geld machen, Focus-Money, 19.05.2004, Ausgabe 22, S. 32 - 33
aus Computerwoche, 21.05.2004, Nr. 21, S. 14-15

(6) Bluetooth-Lücken in 13 Handys
aus netzeitung.de vom 12.05.2004

(7) Wenn das Handy bei Berührung Konzertkarten kauft
aus Berliner Morgenpost, Jg. 106, 18.04.2004, Nr. 106, S. 9

(8) Intel-Chips für PDAs und Handys
aus iX - Magazin für professionelle Informationstechnik, 6/2004, S. 20

Impressum

Hacker bedrohen jetzt auch Handys

Bibliografische Information der deutschen Nationalbibliothek

Die Deutsche Nationalbibliothek verzeichnet diese Publikation in der deutschen Nationalbibliografie; detaillierte bibliografische Daten sind im Internet über http://dnb.d-nb.de abrufbar.

ISBN: 978-3-7379-0293-9

© 2015 GBI-Genios Deutsche Wirtschaftsdatenbank GmbH, Freischützstraße 96, 81927 München, www.genios.de

Alle Rechte vorbehalten. Dieses Werk ist einschließlich aller seiner Teile – z.B. Texte, Tabellen und Grafiken - urheberrechtlich geschützt. Jede Verwertung außerhalb der Grenzen des Urheberrechtsgesetzes bedarf der vorherigen Zustimmung des Verlags. Dies gilt insbesondere auch für auszugsweise Nachdrucke, fotomechanische Vervielfältigungen (Fotokopie/Mikroskopie), Übersetzungen, Auswertungen durch Datenbanken oder ähnliche Einrichtungen und die Einspeicherung und Verarbeitung in elektronischen Systemen.